LA RÉPUBLIQUE

DE

COSTA - RICA

Ses Besoins et ses Ressources

PAR

M. CRAVERI

Consul de France au Costa-Rica

(Actuellement en retraite)

Carte de Costa-Rica à la fin du Volume

Prix : **2** *francs*

DÉPOT

IMPRIMERIE SCHILLER

10, Faubourg Montmartre, 10

1895

LA RÉPUBLIQUE

DE

COSTA-RICA

Ses Besoins et ses Ressources

PAR

M. CRAVERI

Consul de France au Costa-Rica

(Actuellement en retraite)

Carte de Costa-Rica à la fin du Volume

Prix : **2** *francs*

DÉPOT

IMPRIMERIE SCHILLER

10, Faubourg Montmartre, 10

1895

COSTA-RICA

Situation géographique. — La République de Costa-Rica est située dans l'Amérique centrale, entre la Colombie au sud et le Nicaragua au nord ; les côtes ouest du pays sont baignées par le Pacifique et les côtes est par l'Atlantique. Son territoire s'étend entre le 8° et le 11° de latitude nord et le 85° et le 88° de longitude à l'ouest du méridien de Paris.

En jetant un coup d'œil sur la carte on remarquera que le 10ᵉ parallèle passe par Limon et un peu au nord de Punta-Arenas qui sont les deux principaux ports du pays. Le premier, qui est un port d'avenir, est situé sur l'Atlantique, l'autre est sur le Pacifique. Le 10ᵉ parallèle traverse également le plateau central du pays où s'est portée la grande masse de la population.

Limites. — Du côté du Nicaragua, le fleuve San-Juan et les rives du lac du Nicaragua jusqu'à la rivière Sapoa, indiquent d'une manière générale les *confins* du pays. Cependant, en vertu du traité de 1858, le Nicaragua possède, sur la rive droite du fleuve et du lac, une bande de terre de deux milles anglais (un peu plus de trois kilomètres) de largeur, depuis l'embouchure du Sapoa jusqu'à un point éloigné de trois milles anglais en aval du Castillo Viejo, ancien fort sur le San-Juan. La validité de ce traité, longtemps contestée, a été définitivement établie à la suite d'une décision arbitrale du président des États-Unis. A l'ouest de la rivière Sapoa au Pacifique, la démarcation est indiquée par une ligne droite aboutissant au centre de la baie de Salinas.

La question des frontières méridionales n'est pas encore résolue définitivement.

Les côtes de l'Atlantique sont unies et formées de coraux ; celles du Pacifique sont, au contraire, découpées et sablonneuses. On peut évaluer l'étendue des premières à 350 kilomètres et celle des secondes à 470.

On évalue la superficie du pays à 60,000 kilomètres carrés environ.

Divisions administratives. — Le Costa-Rica est divisé en sept provinces, lesquelles sont :

1° *San-José*, ayant pour chef-lieu San-José et huit cantons : San-José, Escasù, Desemparados, Puriscal, Aserri, Mora, Tarrazin, Goicoechea ;

2° *Alajuela*, ayant pour chef-lieu la ville du même nom et sept cantons : Alajuela, San-Ramon, Atenas, San-Mateo, Palmarès, Grecia, Naranjo ;

3° *Cartago*, ayant pour chef-lieu Cartago et trois cantons : Cartago, Paraiso, La Union ;

4° *Heredia*, ayant pour chef-lieu Heredia et cinq cantons : Heredia, Barba, Santo-Domingo, Santa-Barbara, San-Rafael ;

5° *Guanacaste*, ayant pour chef-lieu Liberia et six cantons : Liberia, Santa-Cruz, Nicoya, Bagaces, Las Canas, Carrillo ;

6° *Punta-Arenas*, ayant pour chef-lieu Puenta-Arenas et deux cantons : Puenta-Arenas et Esparza ;

7° *Limon*, ayant pour chef-lieu Port-Limon et un *seul canton* du même nom.

Population. — La dernière statistique faite dans le pays, en 1893, donne une population de 253,040 habitants, soit un peu plus de 4 habitants par kilomètre carré, alors qu'il y en a 71, en France, par kilomètre carré.

Orographie. — On peut diviser le système costaricien en deux groupes distincts, séparés par les vallées du Rio Reventazon et du Rio Grande. Du côté N.-O. s'étend la Cordillère volcanique ; du côté S.-E. un ensemble de montagnes qu'on désigne sous le nom de Cordillère de Talamanca ; c'est dans cette partie du pays que vivent encore presque à l'état sauvage près de deux à trois mille Indiens.

La chaîne la plus importante est la Cordillère volcanique, entièrement formée de roches éruptives, et divisée en deux groupes. Le premier commence à la frontière N.-E. et se dirige au S.-E., presque en ligne droite, pour aboutir au mont Aguacate, riche en mines d'or. Les principales sommités volcaniques sont l'Orosi, le Rincon de la Vieja, le Miravalles et le Tenorio, tous volcans plus ou moins en activité. Viennent ensuite le Cerro de Tilaran, groupe de montagnes peu connues, et la masse porphyrique du mont Aguacate qui ferme le plateau central du côté de l'ouest.

Le second groupe forme trois massifs : celui du Poas, qui comprend le volcan et les *cerros* de ce nom ; celui de Barba, séparé du précédent par la dépression du Desengano ; puis, un peu au sud-est et au delà de la profonde coupure de la Palma, celui de l'Irazu, composé de deux sommités : l'Irazu et le Turialba.

Tous ces volcans, à l'exception du Barba, qui parait complètement éteint, présentent encore des signes d'activité. De temps en temps on constate, surtout à la fin et au commencement de la saison des pluies, de petites éruptions accompagnées de mouvements du sol sans grande importance. La hauteur des cimes les plus élevées varie entre 2,600 et 3,500 mètres.

Hydrographie. — Le système fluvial de Costa-Rica comprend trois versants : le versant nord dont les eaux sont recueillies par le lac de Nicaragua et le San-Juan, le versant du Pacifique et le versant de l'Atlantique.

Ce sont les cours d'eau du versant nord qui ont le plus d'importance comme volume d'eau et extension du bassin.

Les principales rivières de ce côté sont : le Sapoa, le Rio Frio, le San-Carlos, le Sarapiqui, le Tortuguero ou Colorado.

Dans le versant de l'Atlantique se trouvent : le Reventazon, dont la vallée met en communication l'Atlantique avec le plateau central ; c'est dans cette vallée que court la ligne ferrée qui unit San-José à Port-Limon et là également que se trouvent les grandes cultures de bananiers et de cocotiers ; le Tiliri, ou Sixola, le Tilorio ou Changuinola et le Cricamola qui se jette dans la lagune de Chiriqui ; tous trois sont navigables, pour de petites barques, assez avant dans l'intérieur des terres.

Du côté du Pacifique nous rencontrons au nord : le Tempisque, qui a son embouchure au fond du golfe de Nicoya, et reçoit comme principal affluent la rivière de las Piedras. Ces deux cours d'eau sont en partie navigables. Plus au sud, et débouchant encore dans le golfe de Nicoya, se trouvent : la rivière Barranca et le Rio-Grande-de-Tarcolles dont le bassin collecteur comprend tout le plateau central. Cette partie du pays est très bien arrosée par une grande quantité de petites rivières descendant, les unes de la Cordillère volcanique, les autres des Cerros du Puriscal et de la Candelaria.

Dans l'océan Pacifique proprement dit débouchent : le Rio-Grande-de-Pirris, le Rio-Grande-de-Terraba et le Rio-Chirique-Viejo, limite légale du pays, en même temps qu'une foule d'autres rivières, de moindre importance, et qui arrosent des contrées peu peuplées.

Climatologie. — Costa-Rica, de même que tous les pays centro-américains, se divise sous le rapport du climat en trois zones verticales.

On appelle *terres chaudes* la région inférieure, qui va du niveau de la mer à l'altitude de 900 mètres et qui s'étend le long des deux côtes et sur les rives du San-Juan. La moyenne annuelle de la température varie, dans cette zone, entre 22° et 28° centigrades ; il faut remarquer que la côte du Pacifique est beaucoup plus chaude que celle de l'Atlantique. La seconde région comprend les *terres tempérées* qui s'étagent entre 900 et 2,500 mètres d'altitude environ et qui ont une température de 14° à 20° ; elles jouissent d'un climat doux et salubre, aussi la majeure partie de la population s'y est-elle portée. Les *terres froides*, enfin, se rencontrent à partir de 2,500 mètres et forment les cimes les plus élevées des montagnes. La différence entre la température du jour et celle de la nuit s'y fait sentir très fortement. Il n'est pas rare que le sol y apparaisse au matin couvert de gelée blanche. La neige, cependant, y est fort rare. Les *saisons*, bien tranchées et caractérisées par la chute ou l'absence des pluies, sont le *verano*, ou saison sèche, qui commence en décembre pour finir en avril ou mai, et l'*invierno*, ou saison des pluies, qui va du mois de mai au mois de novembre. Pendant l'*invierno* costaricien, qui correspond à l'été et à l'automne des pays européens, l'air, quoique très rarement nébuleux, est presque toujours saturé de vapeur d'eau; à cela, il doit sa transparence parfois extraordinaire. Durant le *verano*, au contraire, l'atmosphère, rarement nettoyée par la pluie, se charge de poussière et devient très sèche aux heures les plus chaudes de la journée.

Règne minéral. — De tous les métaux, l'*or* est le seul qui ait été sérieusement exploité. Le mont Aguacate renferme les principales mines de ce précieux métal dans le district appelé « Ciruelitas ». C'est là que se trouve la mine la plus riche du pays, appelée la *Union*, mine qui appartient à un Français, M. Jacques Federici.

A côté de l'or, les principaux métaux dont on ait constaté l'existence à Costa-Rica, mais sans en faire l'objet d'une exploitation sérieuse, sont : le fer, très abondant; le cuivre, dont il existe des mines très riches dans les monts Candelaria; le plomb argentifère et le mercure.

Parmi les autres produits minéraux, il faut citer : le soufre, le kaolin, les lignites, les argiles plastiques, la chaux, les marbres, le gypse et l'alun, tous inexploités, sauf la chaux.

Presque partout dans le pays se rencontrent des *eaux minérales et thermales*. Les plus célèbres sont celles d'Aguacaliente, à trois kilomètres de la ville de Cartago, où la plupart des Européens se rendent pour passer leur saison d'été.

Faune. — Parmi les *mammifères*, on peut citer : l'once et le puma, appelés aussi jaguar et couguar, le tigre et le lion d'Amérique, l'ocelot et un autre félin, le coyote; une grande variété de singes, plusieurs rongeurs à chair savoureuse, notamment une espèce de daim appelé *venal*, et le pécari; le tapir et plusieurs espèces d'autres animaux.

Les forêts abondent en *oiseaux* d'une merveilleuse beauté,

parmi lesquels nous nommerons : le *quetzal* au plumage d'un vert métallique ; des aras aux couleurs les plus variées ; des toucans, au bec énorme ; des quantités de *colibris*, quelques petits oiseaux chanteurs et, dans un genre différent, des ramiers, des dindes et des perdrix d'un goût délicat et le paon comestible.

Les rapaces sont nombreux ; le plus commun est le *zopilote*, espèce de vautour noir qui rend de grands services, en débarrassant les villes de leurs immondices.

Les *serpents* venimeux ne se rencontrent qu'en petit nombre sur le plateau central, mais ils pullulent dans les parties marécageuses de la région du nord et sur certains points de la côte du Pacifique. Les cas de mort par suite de morsures sont cependant très rares.

Les caïmans abondent dans le fleuve Tempisque ; sur la côte de l'Atlantique, on y trouve des tortues énormes.

Les rivières de l'intérieur du pays produisent un gros *poisson*, nommé *bobo,* dont la chair est assez appréciée.

Depuis l'ouverture du chemin de fer, le poisson de mer est introduit dans l'intérieur du pays.

Les *moustiques*, une des grandes plaies des pays tropicaux, sont relativement rares à Costa-Rica, même dans les plaines chaudes du nord, on peut dormir, la majeure partie de l'année, sans moustiquaire. L'abeille indigène donne un miel doué de propriétés excitantes et une cire noire aromatique ; les ruches sont, du reste, très communes dans le pays.

Flore. — La végétation est partout d'une vigueur et d'une variété extrêmes, grâce à la richesse du sol, à l'abondance des eaux et à la diversité du climat.

Les essences changent, mais c'est partout un fouillis d'arbres géants.

De nos jours seulement, cette *flore* admirable commence à être étudiée et exploitée. Les orchidées, notamment, sont actuellement l'objet d'un soin spécial et tellement appréciées par les étrangers qu'elles sont vendues à des prix très élevés, voire même à 1,500 et 2,000 francs.

Dans les terres tempérées, les productions dominantes sont : le café, qui se cultive sur les plateaux ; la canne à sucre, sur les pentes et hauteurs moyennes ; la banane, dans les terres basses du versant Atlantique et notamment dans les plaines de la vallée du Reventazon ; le maïs, les pommes de terre et les haricots, dans les régions supérieures. Dans les endroits les moins élevés abondent les arbres fruitiers : l'avocatier, le prunier, l'oranger, le manglier et une foule d'autres arbres à fruits. Dans les forêts, on rencontre beaucoup de bois de teinture, qui font l'objet d'un commerce spécial par voiliers naviguant dans le Pacifique, des bois de construction et d'ébénisterie, notamment l'acajou, le cèdre, le nambas, l'ira, le guachipilin, etc.

A partir de 2,000 mètres, commence la région des chênes qui deviennent rares et diminuent de vigueur dans les terres froides.

Cultures principales. — Les cultures essentielles sont peu nombreuses à Costa-Rica. Elles se réduisent à cinq principalement : le café, la canne à sucre, la banane, le maïs et les haricots. Ces produits forment la base de l'exportation et de la consommation générale.

L'agriculture est la seule ressource du Costa-Rica, pays sans industrie aucune, et le café fait l'objet le plus important de son commerce et, en conséquence, de sa richesse.

Aussi, si la récolte du café n'atteint pas une bonne moyenne, le montant de son exportation ne pouvant s'équilibrer avec celui de l'importation, une hausse sur le change avec l'Europe, très préjudiciable au pays, survient et la gêne se trouve même dans les familles de la plupart des planteurs, lesquelles ne peuvent, dans ce cas, rembourser à la récolte le montant des avances importantes qui leur ont été faites.

Nous donnons plus loin des détails plus complets sur le commerce du café et les habitudes établies à ce sujet, cependant, des détails complémentaires qui n'ont pu trouver place ici, ont été en temps et lieu, transmis au Ministère des Affaires étrangères dans des rapports trimestriels, la plupart insérés dans le *Moniteur officiel du Commerce*, et, quelquefois, dans les bulletins de la Société de géographie, notes que les intéressés peuvent consulter.

Le café, le maïs et les haricots sont plus particulièrement

cultivés sur les plateaux et notamment dans les environs des pays habités.

La canne à sucre n'est mentionnée que pour mémoire, car son produit et ses dérivés, sucre et eau-de-vie, sont consommés entièrement dans le pays.

La banane est cultivée particulièrement dans la zone humide et basse du versant Atlantique, dont Port-Limon est le centre.

Commerce général

Le pivot de l'activité commerciale du Costa-Rica, c'est le café, qui constitue la richesse du pays. Néanmoins, à côté de ce produit viennent peu à peu s'en ajouter d'autres, parmi lesquels il faut citer la banane.

La production du café au Costa-Rica s'élève aujourd'hui (nous ne parlons que du café destiné à l'exportation) à environ 180,000 sacs de 60 à 62 kilos. Le prix commercial des 50 kilos de café est assez difficile à déterminer, car il est sujet à des variations continuelles suivant les cours des grands marchés régulateurs du Havre, New-York, Londres, Anvers, Hambourg. C'est à la bourse de ces diverses places qu'il faut s'adresser pour opérer en connaissance de cause sur l'article dont il s'agit, la cote normale oscille, pour le sac de 60 kilos, entre 110 et 128 francs, selon la qualité de la récolte et la perfection de la préparation.

Quant aux prix de revient, sur le marché même du Costa-Rica, il est également très variable. Cette année-ci, le producteur vend aux grandes maisons d'exportation et de commission, à raison de 40 et 42 piastres-papier (soit, au change de 140 o/o environ, 86 à 88 fr.) la fanega de 103 kilos de café en cerises. Ces 103 kilos de café en cerises représentent à peu près 55 à 58 kilos de café bénéficié, destiné à l'exportation ; le prix de revient du café commercial au Costa-Rica est donc à peu près de 1 fr. 45 à 1 fr. 50 le kilo. Mais ce prix est singulièrement majoré par suite de la cherté des frais de transport par chemin de fer de San-José à Limon (3 sous français environ par kilo); des droits de douane à la sortie (4 sch., soit 6 fr. par quintal, ce qui représente 2 sous 1/2 par kilo).

En réalité, le café rendu franco bord à Limon, port d'embarquement à destination de l'étranger, revient à environ 1 fr. 75 et 1 fr. 80 le kilo.

Il faut y ajouter le fret de transport par mer (variable suivant les Compagnies et suivant les époques) et, de plus, on doit tenir compte que le café paie en France un droit d'entrée de 156 francs par 100 kilos.

Les expéditions directes de café costaricien en France n'ont jamais été bien actives.

En 1893, sur une exportation de près de 12 millions de kilos, la France n'a reçu que 22,000 kilos. Cette année-ci (1894) les expéditions ont été plus importantes (environ 3,400 sacs de 60 kilos sur une exportation de 180,000 sacs). La récolte présente (novembre-94 avril-95) ne sera pas très considérable (environ 190,000 sacs dont 170,000 seront expédiés à l'étranger).

Total, en piastres, des échanges du Costa-Rica avec les principaux pays étrangers, pendant les années 1891, 1892 et 1893.

Années	Mouvement total	Avec l'Angleterre	Avec les États-Unis	Avec la France	Avec l'Allemagne	Ensemble des autres pays
1891	18.016.000	7.070.000	6.403.000	919.000	2.120.000	1.497.000
1892	14.504.000	6.618.000	4.939.000	596.000	1.334.000	1.037.000
1893	15.453.000	6.796.000	5.519.000	825.000	1.492.000	821.000

Total, en piastres, des exportations du Costa-Rica pendant les années 1891, 1892 et 1893

	1891	1892	1893
Café.	8.484.115	8.024.651	8.354.030
Bananes.	680.225	702.282	786.493
Cuirs et peaux.	90.756	93.145	138.431
Bois et autres produits forestiers.	228.746	157.274	203.537
Autres articles.	180.945	131.596	130.034
Totaux.	9.664.607	9.113.978	9.619.074

Total, en piastres, des importations du Costa-Rica pendant les années 1891, 1892 et 1893

Années	Importations totales	d'Angleterre	des États-Unis	du France	d'Allemagne	d'autres pays
1891 ..	8.351.000	1.985.000	2.419.000	868.000	1.697.000	1.382.000
1892 ..	5.389.000	1.702.000	1.295.000	526.000	947.000	919.000
1893 ..	5.833.000	1.697.000	1.399.000	807.000	1.123.000	806.000

En ce qui concerne le mouvement commercial avec la France, les statistiques costariciennes ne mentionnent à notre compte que les achats directs faits par nous; il est donc manifeste qu'une certaine quantité de cafés costariciens expédiés à New-York, à Londres, même à Hambourg, et indiqués comme destinés aux Etats-Unis, à l'Angleterre, à l'Allemagne, se bornent à transiter par ces entrepôts pour être, de là, dirigés définitivement vers la France, où ils sont consommés.

C'est par suite de l'insuffisance de notre marine marchande et de nos communications maritimes, insuffisance dont nous souffrons dans presque toute l'Amérique latine, mais qui est particulièrement sensible au Costa-Rica, que nous nous trouvons ainsi tributaires, pour nos achats dans ce pays, de la navigation étrangère et des entrepôts étrangers.

La modicité relative de fret des Compagnies allemandes et anglaises, la multiplicité de leurs services, attirent naturellement de préférence la clientèle des chargeurs costariciens et déplacent, au profit de Londres, de Liverpool, de Hambourg, le mouvement des envois qui eussent été primitivement destinés au Havre et à Bordeaux. Mais c'est surtout vers la Nouvelle-Orléans et New-York, qui offrent le double avantage de la proximité géographique et de la facilité de communications rapides, fréquentes et directes, que se dirige le grand courant des exportations costariciennes.

Il y a, du reste, depuis quelque temps, une tendance manifeste des marchandises et des voyageurs d'une partie de l'Amérique à emprunter, pour se rendre en Europe, la voie de New-York, comme plus courte et plus commode.

Quoi qu'il en soit, il convient de constater qu'il n'est pas jusqu'à la modification des anciens itinéraires maritimes avec le Costa-Rica qui n'ait influé, et d'une façon fâcheuse, sur les expéditions de ce pays à destination de France.

Autrefois, le Havre, Nantes, Bordeaux étaient reliés directement au Centre-Amérique par un certain nombre de voiliers qui, faisant le tour par le cap Horn et longeant la côte du Pacifique, touchaient au Callao, à Guayaquil, à Punta-Arenas, à Corinto, à la Libertad, à San-José de Guatemala et débarquaient dans ces ports nos produits, en échange desquels ils rapportaient du guano, du nitrate, du cacao, du café, de l'indigo, des bois d'ébénisterie, etc.

Les relations de ces régions avec la France étaient alors sinon plus rapides, du moins plus suivies, moins coûteuses, plus commodes. Le contact du Costa-Rica avec nos marchés était plus immédiat et plus fréquent et, par conséquent, les affaires de cafés costariciens qui s'y traitaient, plus actives et plus importantes.

Aujourd'hui, depuis la construction du chemin de fer de l'Atlantique et l'ouverture du port de Limon, ces communications avec Costa-Rica par navires à voiles français doublant le cap Horn n'existent plus, notre pavillon se fait de plus en plus rare sur les côtes du Pacifique centre-américain et le port de Punta-Arenas, spécialement, est complètement abandonné par notre marine au point que, pendant les trois dernières années écoulées, il n'y est entré qu'un seul bâtiment de commerce français.

La navigation française est, depuis quelques années, seulement, exclusivement représentée au Costa-Rica par le service mensuel de la Compagnie Générale Transatlantique (ligne de Marseille à Colon), service que l'on a eu, du reste, bien de la peine à faire venir jusqu'à Port-Limon. Mais nos achats de café dans ce pays n'ont pas augmenté pour cela, ni le reste de nos exportations.

Une des principales maisons faisant l'exportation des cafés en France — maison qu'on peut même citer comme une des plus fortes du Costa-Rica — la maison française Tournon et Cᵒ, de Bordeaux, représentée à San-José par M. Amon-Duplantier, a dû renoncer à des expéditions directes, trop incommodes et trop coûteuses, et emploie presque exclusivement la voie britannique, dirigeant ses cafés « pour ordre » sur les entrepôts étrangers.

Cette absence d'envois de la maison Tournon et Cᵒ a porté aux exportations costariciennes en France un coup d'autant plus sensible qu'elle a précisément coïncidé avec la disparition d'une autre maison française très importante, la maison Duprat et Cᵉ, laquelle, jusqu'en 1889, expédiait annuellement de 200,000 à 300,000 kilos, de cafés en France, ce qui alimentait de 150 à 200,000 piastres le chiffre annuel de nos réceptions de cafés costariciens.

A toutes ces causes, il faut joindre ce fait que le café costaricien est très concurrencé en France par les cafés du Brésil, de Venezuela, surtout d'Haïti, dont les expéditions dans notre pays croissent chaque année et représentent plus des trois quarts de la production indigène. Les prix de revient de ces cafés, beaucoup meilleur marché que ceux du Costa-Rica, leur permettent de supporter les énormes majorations provoquées par les droits de douane qui pèsent sur cet article à son entrée dans nos ports (156 fr. par 100 kilos).

Ainsi désavantagé, le café costaricien ne saurait rencontrer en France la même faveur dont il jouit aux Etats-Unis et en Angleterre, par exemple ; il ne présente pas sur nos marchés les mêmes cours rémunérateurs et, très souvent, faute d'être suffisamment connu chez nous, il n'est pas suffisamment apprécié.

Nous pouvons en dire autant de quelques autres maisons françaises importantes, établies dans le pays depuis bien des années, notamment les maisons Napoléon Millet et Herran frères, lesquels riches planteurs, par suite du service non direct de la Compagnie Transatlantique sur le Havre et Bordeaux, continuent à expédier leurs produits par voie anglaise ou américaine.

D'autre part, il paraîtrait que les grands consignataires de café en France, les maisons françaises important dans notre pays le café de Costa-Rica, n'offraient pas pour le payement de cet article les mêmes conditions avantageuses, les mêmes facilités que les exportateurs costariciens trouvent en Angleterre, aux Etats-Unis et surtout en Allemagne.

Les négociants du pays disent : « Nous ne demanderions pas mieux que d'engager des affaires avec la France, même malgré la difficulté des communications maritimes directes et et en dépit de vos droits de douane. Seulement, faites-nous les mêmes avantages que nous rencontrons ailleurs, aux Etats-Unis, en Angleterre et surtout en Allemagne. Sur un sac de café, un importateur de ces pays nous remet généralement, à titre d'avance, 3 et 4 mois avant toute réception, 4 livres sterling 1/2 (environ 112 fr. 50), ce qui représente à peu près le 95 o/o des cours moyens de l'article (120 à 135 fr. le sac). Par contre, les maisons françaises, si elles consentent, ce qui est rare, à faire une avance quelconque, nous offrent, tout au plus, et avec beaucoup de difficulté, le 50 o/o de la valeur intrinsèque, soit 60 et 65 o/o. Quoi d'étonnant à ce que nous nous adressions de préférence à l'Allemagne, à l'Angleterre et aux États-Unis. »

Dans ces conditions, ce n'est pas sur le Havre et sur Bordeaux, comme font les producteurs caféiers d'Haïti, mais c'est sur New-York, Londres, Hambourg, que les exportateurs de café du Costa-Rica ont les yeux sans cesse fixés, suivant avec attention les cours régulateurs de leur fortune commerciale. Les marchés anglo-saxon et germanique sont ainsi les seuls facteurs du mouvement d'exportation costaricienne.

Le marché français ne compte pas pour la production caféière de ce pays, et comme, de son côté, la France ne fait aucune avance, ne tente aucun effort pour sortir de cette position secondaire, il est naturel que sa clientèle soit délaissée, qu'on ne recherche pas ses commandes, qu'on ne sollicite pas ses achats.

Il serait pourtant désirable que cet état de choses prenne fin et il y aurait un intérêt majeur pour notre pays à encourager le développement des expéditions costariciennes en France, ou, tout au moins, à en empêcher la fàcheuse diminution. En effet, par suite d'un phénomène de réciprocité économique assez naturel, il est rare qu'un pays qui achète beaucoup d'un autre ne soit pas appelé à lui vendre beaucoup en retour, la qualité de client assurant généralement aux propres produits de l'acheteur une place privilégiée sur les marchés du vendeur. Il s'établit de ce fait entre les deux nations en relations d'affaires un double courant d'échanges qui favorisent singulièrement leurs exportations mutuelles, surtout quand ces exportations peuvent être alimentées — comme c'est le cas pour la France et le Costa-Rica — par une production essentiellement différente (vins et articles manufacturés d'un côté, denrées exotiques de l'autre).

Il ne faut, du reste, pas perdre de vue qu'en dehors du café il existe au Costa-Rica une foule d'autres produits naturels encore à peine exploités, mais susceptibles de prendre dans l'avenir une réelle importance et qui pourraient, dès maintenant, donner lieu à un trafic assez actif avec l'étranger. Il serait à souhaiter que le commerce français s'en réservât la meilleure part.

Les *bananes* qui, de 6 o/o en 1890, représentent aujourd'hui 8 o/o de l'exportation totale, sont en progression constante tant pour la quantité que pour la valeur. En quatre années, les expéditions de bananes se sont augmentées de plus de 250,000 régimes (1,278,000 en 1893 contre 1,034,000 en 1890), et de plus de 150,000 piastres, s'élevant de 622,000 en 1890 786,000 en 1893. C'est le courant d'exportation vers les États-Unis qui profite seul de cette importante augmentation, — les bananes étant toutes dirigées sur les États-Unis, *via* New-Orléans, par une Compagnie de vapeurs spéciale, appartenant à M. Keith.

Principaux Articles français importés

Les articles français introduits dans le pays sont principalement les suivants :

Articles de luxe et de fantaisie, conserves alimentaires, casimirs, cognacs, drogues médicinales, mercerie, parfumerie, papiers divers, sardines en boîtes, et enfin les vins de toutes catégories.

Notre commerce d'importation pourrait, si on voulait bien se donner un peu de peine, prendre un développement bien plus considérable; mais on ne fait rien chez nous, non pour acquérir de nouveaux débouchés, mais même pour conserver l'ancienne clientèle. Ainsi, il n'y a pas longtemps encore, les articles de luxe, tels que la parfumerie, les cognacs, etc., importés au Costa-Rica étaient exclusivement français ; aujourd'hui la camelote allemande a envahi le pays, et par son bas prix et sa belle apparence, a séduit une partie de notre ancienne clientèle.

Les vins espagnols, que l'on ne connaissait pas il y a quelques années, ont fait leur apparition sur le marché costaricien, et toujours, pour les mêmes motifs, trouvent un placement qui diminue d'autant nos importations.

Chemins de fer. — Une ligne de chemin de fer relie actuellement Port-Limon à la capitale du pays, San-José, et se prolonge jusqu'à Alajuela. Un embranchement, qui part de l'intersection de la ligne avec le fleuve Reventazon vers Carillo, est destiné, plus tard, à relier Port-Limon avec les rives du lac de Nicaragua.

Du côté de Punta-Arenas la ligne projetée vers la capitale est construite et exploitée seulement jusqu'à Esparza.

Cependant le trafic du côté de Punta-Arenas est si peu élevé en ce moment et on prévoit si bien que tout le mouvement commercial du pays se concentre peu à peu du côté de Port-Limon que le gouvernement hésite à relier au chemin de

fer de San-José à Port-Limon le tronçon qui de Punta-Arenas va jusqu'à Esparza.

Navigation. — Navires entrés en 1893 :

NATIONALITÉS	PUNTA-ARENAS		PORT-LIMON		TOTAL	
	Nombre	Tonnage	Nombre	Tonnage	Nombre	Tonnage
Anglais.........	29	19.400	104	138.000	133	157.400
Nord-Améric...	79	102.200	20	6.800	99	109.000
Allemands.....	27	30.400	9	12.800	36	43.200
Français.......	»	»	11	18.800	11	18.800
Espagnols	»	»	10	14.500	10	14.500
Suédois-Norv..	1	700	24	8.800	25	9.500
Divers	19	3.200	19	6.500	38	9.700
Totaux...	154	155.900	198	206.200	352	362.100

Ainsi l'Angleterre occupe de beaucoup le premier rang, contribuant à elle seule pour près de 3/7 du tonnage total ; les Américains viennent ensuite ; puis, déjà fort loin en arrière les Allemands.

Quant à la France, dont le pavillon était représenté autrefois au Costa-Rica par une vingtaine de navires (géréralement voiliers) tant à Port-Limon qu'à Punta-Arenas, elle ne figure plus dans le mouvement maritime de ce dernier port, et les onze navires entrés sous pavillon français à Limon, en 1893, appartiennent tous à la Compagnie Transatlantique (service mensuel : Marseille, Colon, Limon).

C'est donc cette Compagnie qui soutient seule le mouvement de la navigation française au Costa-Rica. Il lui appartiendrait, puissante et bien organisée comme elle est, de chercher à développer ce mouvement en substituant, à la ligne actuelle, la prolongation jusqu'à Limon de la ligne de Saint-Nazaire, Colon ou de Bordeaux-Colon ; en mettant ainsi le Costa-Rica en contact plus immédiat et plus rapide avec la France, la Compagnie Transatlantique contribuerait efficacement à l'essor de nos relations commerciales dans ce pays.

Il est question, d'autre part, de prolonger jusqu'à Punta-Arenas et autres ports du Centre-Amérique l'intéressant service de la Compagnie maritime du Havre (Compagnie Grosos), dont les navires, franchissant le détroit de Magellan, touchent aux divers ports du Chili et du Pérou et remontent actuellement jusqu'à Guayaquil.

Les frets des ports du Costa-Rica aux principaux ports d'Europe (Hambourg, Liverpool, Marseille, Bordeaux, le Havre, Anvers, Barcelone) sont à peu près les mêmes pour toutes les Compagnies, et, qu'il s'agisse de la Compagnie Générale Transatlantique française ou de la Transatlantique espagnole, de la Royal Mail, ou de la Société hambourgeoise de navigation, les prix varient, suivant la nature des marchandises, entre 50, 55, 60 et 65 francs le mètre cube.

En terminant cette petite monographie de Costa-Rica, que nous avons faite pour complaire à quelques négociants qui nous en avaient prié, nous souhaitons ardemment que le commerce de notre pays, non seulement au Costa-Rica, mais aussi dans les autres Républiques du Centre-Amérique, reprenne la place qui lui est due et que les habitants de ce pays sont tout disposés à lui accorder.

Paris. — Imp. Schiller, 10, Faubourg-Montmartre

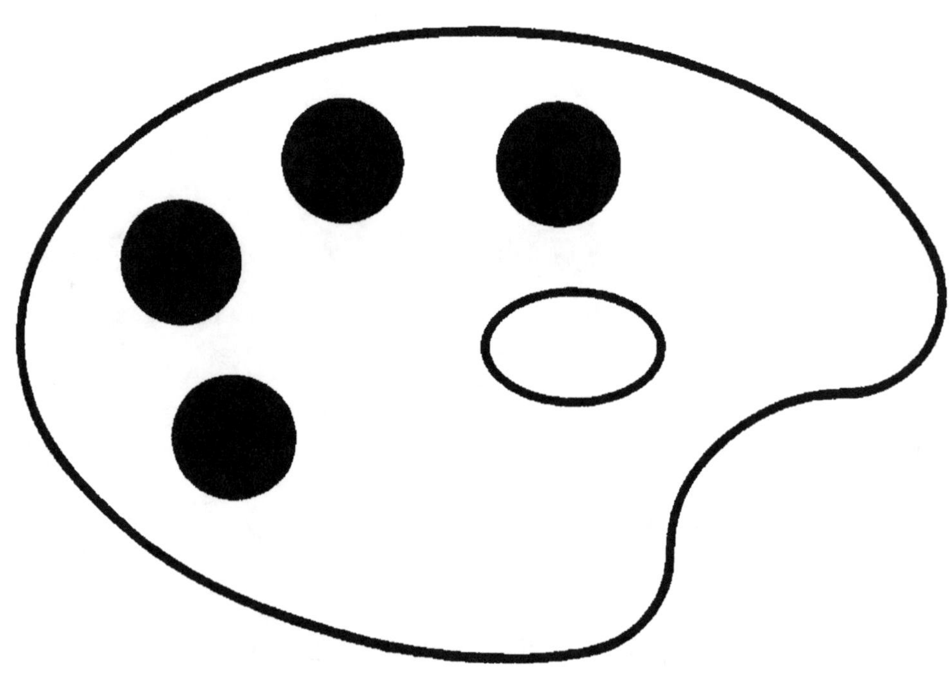

Original en couleur

NF Z 43-120-8

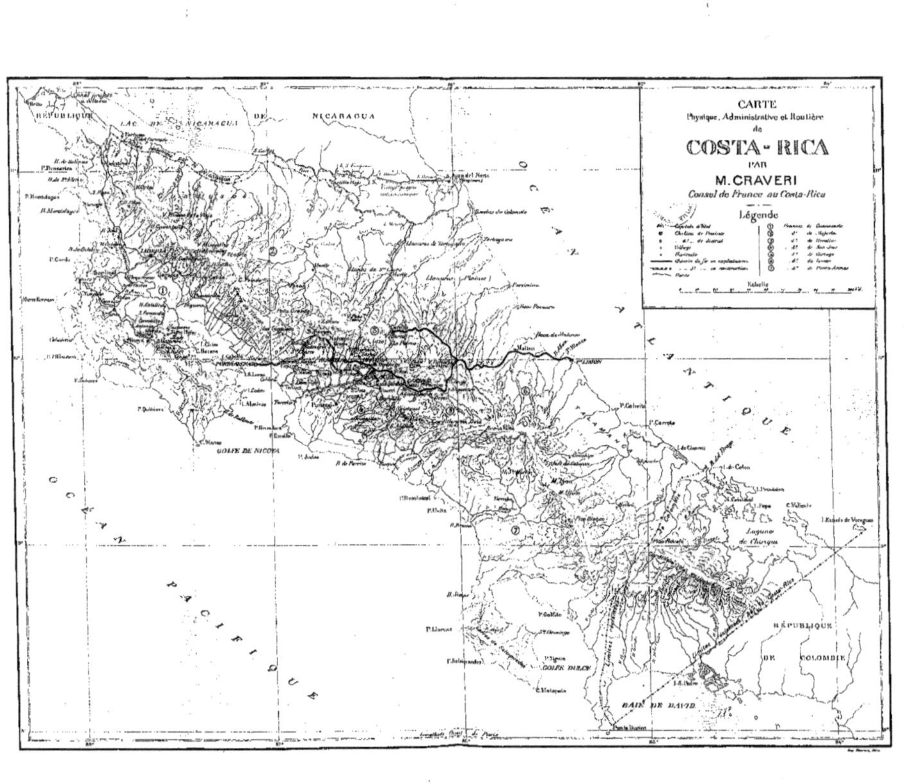
CARTE
Physique, Administrative et Routière
de
COSTA-RICA
PAR
M. CRAVERI
Consul de France au Costa-Rica
Légende
Capitale d'État
Chef-lieu de Province
d'... de district
Village
Hacienda
Chemin de fer en exploitation
... d'... en construction
Ports
Hameau de Guanacaste
d'... de Alajuela
d'... de Heredia
d'... de San José
d'... de Cartago
d'... de Limon
d'... de Punta-Arenas
Échelle
RÉPUBLIQUE DE NICARAGUA
LAC DE NICARAGUA
OCÉAN ATLANTIQUE
OCÉAN PACIFIQUE
GOLFE DE NICOYA
GOLFE DULCE
BAIE DE DAVID
Laguna de Chiriqui
RÉPUBLIQUE DE COLOMBIE

www.ingramcontent.com/pod-product-compliance
Lightning Source LLC
LaVergne TN
LVHW051132060726
842526LV00006B/2020